AF324903

IDÉES

D'UN

CITOYEN

SUR LA PUISSANCE DU ROI

ET LE COMMERCE DE LA NATION,

DANS L'ORIENT.

. . . . & nos
Confilium dedimus . . . . . . JUVENAL.

A AMSTERDAM.

M. DCC. LXIII.

riſſe autant qu'il eſt poſſible. Il n'eſt plus tems de retourner ſur ſes pas , & d'examiner , en philoſophe , ſi les courſes des Négocians , & les immigrations des Colons , dans les trois autres parties du Monde , n'ont pas été plus funeſtes que favorables à l'Europe. Le mal , ſi c'en eſt un , eſt fait depuis plus de deux ſiécles. Le luxe a rendu néceſſaires les ſuperfluités de l'Orient & du nouveau Monde. Eſpérer que le Peuple entier les dédaigne & les oublie ; ce ſeroit une chimere : abandonner le ſoin de l'en pourvoir , & le bénéfice de l'importation à des voiſins jaloux , & déja trop puiſſants ; c'eſt hâter & conſommer la ruine du Royaume.

La mode , qui fait tout en France , & cette eſpece d'enthouſiaſme , qu'on appelle l'eſprit du jour , ayant tourné toutes nos idées vers les objets de l'Adminiſtration , on devoit s'attendre à voir éclore toutes les abſurdités imaginables ſur l'économie publique. Le beau ſyſtême de laiſſer détruire entierement notre Marine , nos Colonies , notre Commerce extérieur , ne pouvoit manquer d'avoir quelques partiſans ; mais ce ſeroit leur faire trop d'honneur , que de s'amuſer à les réfuter ſérieuſement.

Nous diſons , qu'au lieu d'abandonner le Commerce de l'Afrique & de l'Aſie Orientales , le bien public exige , que le Gouvernement s'applique à

lui procurer toute la vigueur dont il peut être
susceptible. Il faut rendre ce Commerce le plus
sûr, le plus facile, le plus étendu, le plus avantageux qu'il soit possible. Nous allons expliquer
séparément nos idées sur chacune de ces quatre
qualités essentielles.

§ II.

De la sûreté du Commerce d'Orient.

C'EST tomber dans une erreur très dangéreuse,
que d'assimiler le Commerce de l'Afrique & de
l'Asie Orientales, à celui qui se fait en Europe,
chez les Nations Chrétiennes, & aux Côtes de la
Méditerranée, ou dans nos Colonies de l'Amé-
rique. Les plus petits Navires qui portent Pavillon françois, y trouvent partout une sauve-garde
assurée, dans la force des traités, & dans la puissance du Roi. Les liens politiques, qui tiennent en-
chaînés les Peuples de notre Continent, inspirent
à cet égard, la plus juste confiance aux Négociants,
dans les Ports & dans les Mers de l'un & de l'autre
émisphere. Mais, au contraire, les Souverains d'A-
frique & d'Asie ne reconnoissent point les Loix de
notre Droit public : leurs vastes Empires sont comme inaccessibles à nos Armes : à peine leurs Côtes
sont-elles exposées à des incursions passageres. Et
une jalousie bien fondée, feroit toujours voler à

leur fecours une partie des Européens, contr
ceux qui voudroient les envahir.

La fûreté du Commerce exige donc, felon no
idées. Premierement, pour le tranfport des denrée
& marchandifes; qu'on ne hafarde point ces petit
& foibles Vaiffeaux, qui fervent aux Négociant
pour toute autre efpece d'entreprife maritime
Des Navires de force épargnent vifiblement le
frais, réfiftent infiniment mieux aux périls d'un
longue navigation, & en impofent davantag
dans ces Régions éloignées. Difons hardimer
que les Armateurs François, avec leur Marin
ordinaire, ne peuvent entreprendre les voyag
de l'Orient, fans une folie manifefte, qui n'abou
tiroit qu'à leur ruine.

Secondement, la négociation fédentaire, qi
doit opérer l'importation & l'exportation refpe
tive, ne fauroit être certaine & tranquille a
milieu des Nations barbares, avides & incon
tantes, prefque toujours agitées de guerres civile
& opprimées par un gouvernement defpotiqu
dont l'intérêt eft la feule loi, fans une fauve-gar
toujours préfente & inviolable. Heureufement
défaut de difcipline, de courage & de bonne art
lerie rend infiniment refpectables aux yeux de c
Peuples, les moindres Poftes fortifiés fuivant n
ufages, & défendus par des Troupes réglées.
l'abri de quelques ouvrages de la plus grande fû

plicité, quelque foible qu'en foit la garnifon ; nos Négocians peuvent en fûreté fe livrer à toutes les opérations de leur Commerce : pourvu qu'on entretienne, d'efpace en efpace, quelques Forte-reffes plus importantes, capables d'en impofer, même aux grandes Puiffances : de réfifter quelque tems à des expéditions méditées, & de porter un prompt fecours aux moindres Poftes, menacés ou infultés dans un tumulte. Mais on ne pourroit, que par une témérité funefte, s'abandonner, fans ce genre de protection, entre les mains des Africains & des Afiatiques, fi ce n'eft à la Chine. Des Marchands ifolés, qui fe livreroient à quatre mille lieues de leur patrie, à la difcrétion des Indiens & des Négres, feroient tôt ou tard les victimes de leur fécurité. Il faut des Poftes munis & gardés ; beaucoup de petits, quelques-uns plus importants. C'eft une néceffité trop facile à dé-montrer.

De gros Navires Marchands, & des Forts grands ou petits, fuppofent encore deux autres genres de protection. Une Marine purement mi-litaire, qui ferve defcorte aux Vaiffeaux de tranf-port, qui fourniffe & renouvelle les Troupes, les armes, les munitions, qui fe montre enfin pério-diquement, pour maintenir le bon ordre, an-noncer la dignité de la Nation, & la grandeur du Souverain ; c'eft le troifieme garant de la fûreté du Commerce.

(8)

Quatriemement, enfin. Une assurance plus
grande encore se tireroit d'une Colonie puissante,
entierement soumise à la domination du Roi qui
seroit à la portée de l'Afrique & de l'Asie Orientales, qu'on établiroit comme seconde Métropole, & comme l'entrepôt nécessaire de tout
le Commerce. En supposant cette Colonie peu-
plée, fortifiée, cultivée, toujours munie d'un
corps de Troupes, & d'une Marine sédentaire,
vous en feriez un boullevard formidable, qui mul-
tiplieroit à l'infini les forces du Roi, & qui les
rendroit, pour ainsi dire, présentes en tout lieu.
Sans être obligé de les transporter nulle part, il
suffiroit qu'elles fussent connues, & qu'on eût
sans cesse le moyen de les amener partout,
sitôt que l'honneur de la Couronne, la sûreté du
Pavillon françois, & l'intérêt véritable du Commerce l'exigeroient.

Ces quatre moyens de procurer la sûreté du
Commerce, dans l'Afrique & l'Asie Orientales
nous paroissent également nécessaires, vu la dis-
tance des lieux, le génie des Peuples, & la nature
des dangers. Les Puissances maritimes de l'Europe
sont d'accord sur la spéculation. Les Hollandois,
qui l'ont mieux réduite en pratique, sont les plus
puissants & les plus riches. Quiconque s'en éloi-
gnera le plus, s'approchera proportionnellement
de l'opprobre & de sa ruine. De petits Vaisseaux

particuliers, & des Marchands ifolés, ne peuvent aller chercher aux Indes que leur perte. De gros Navires même, & des Poftes fortifiés ne fe foutiendront jamais fans une Marine militaire, & une Colonie puiffante, à portée de les protéger.

§ III.

De la facilité du Commerce d'Orient.

PUISQUE nous foutenons qu'il eft véritablement de l'intérêt public de rendre le Commerce de l'Afrique & de l'Afie Orientales le plus facile qu'il eft poffible à toute la Nation, nous devons fuppofer qu'il fera parfaitement libre; & c'eft auffi une de nos idées fondamentales. Tout ce qui donne des entraves au vrai Négoce, proprement dit, eft une faute, & une faute très lourde en politique. C'eft un principe dont il feroit prefqu'impoffible de nous faire fortir : tant il nous paroît bien appuyé par le bon fens & l'équité. L'expérience ne l'a jamais démenti, quoiqu'on en puiffe dire ; & nous ferions en état de citer cent exemples plus frappants les uns que les autres, des funeftes effets qu'ont produit les malheureux fyftêmes, inventés par la cupidité, & accrédités par l'ignorance, pour tenir captive l'émulation & l'induftrie. Toute exclufion, toute prohibition,

B

tout espionnage , tout rançonnement est un fléau pour l'Etat. C'est une maxime à graver sur le bronze & sur l'airain , & à rebattre sans cesse aux oreilles du Gouvernement.

Qu'il soit donc permis à tout Citoyen de porter lui-même, ou d'envoyer dans l'Afrique & dans l'Asie Orientales tout ce qu'il avisera bon être , & de transférer en Europe , à son gré , toutes les denrées & marchandises de l'Orient. C'est-là ce que nous appellons liberté pléniere de l'importation & de l'exportation ; & cette liberté, nous la regardons décidément comme le plus grand bien qu'on puisse procurer au Royaume. Si c'est une erreur , c'est notre erreur favorite. Que les partisants des prohibitions , des monopoles & des inquisitions essaient de nous convaincre , & qu'ils n'épargnent pas plus notre opinion , que nous sommes déterminés à épargner la leur : qu'ils détaillent leurs raisons ; que le Public & le Gouvernement soient nos Juges. Jusqu'à la conviction , nous ne cesserons d'assurer que tout ce qui gêne le Commerce est l'opprobre du Gouvernement , & la ruine du Royaume.

Mais il ne faut pas confondre le négoce avec le transport des effets négociables ou négociés , le Marchand avec le Voiturier , la marchandise avec la voiture. On les distingue si bien , & si naturellement dans le Commerce de terre. Par

quelle fatalité les a-t-on confondu fi fouvent dans
le Commerce de mer ? Par quel entêtement s'obf-
tineroit-on à les confondre ? Nous avons dit que
le Commerce d'Afrique & d'Afie demandoit néceffairement de gros Navires, & des Poftes fortifiés, défendus les uns & les autres par une Marine militaire, & par une Colonie voifine & puiffante. Ces idées ne répugnent point à la liberté du
Commerce ; elle fera pleine & parfaite, pourvu
que tout Citoyen foit le maître de charger ce
qu'il voudra fur les gros Navires, que nous envi-
fageons comme des voitures publiques, deftinées
à l'entretien du Commerce de l'Afrique & de
l'Afie Orientales. Ces voitures peuvent apparte-
nir, par un privilége fpécial, à la Compagnie des
Indes ; & rien n'eft plus jufte, ni moins onéreux,
pourvu que le droit de fret ou de tranfport foit
réglé avec difcrétion, & que les Coches de Mer,
comme ceux de Terre, foient aftreins à recevoir
tout ce qui fe préfente, & à le porter fidellement
à fa deftination.

Loin que l'établiffement d'une Meffagerie Navale, en faveur de la Compagnie des Indes,
gêne en rien le Commerce, proprement dit, nous
croyons, au contraire, qu'elle feroit le meilleur
moyen de le faciliter. Tout Négociant, tout Citoyen pourra faire à fon gré une portion de ce
Commerce, dès que vous aurez réduit les opé-

rations aux plus fimples, & aux plus indifpenfa-
bles, c'eft-à-dire, à l'envoi & à la réception des
marchandifes, à l'achat & à la vente. Otez la
reffource affurée des voitures publiques, les Armateurs les plus opulents de la Nation feront à
peine en état d'envoyer un Navire aux Indes pour
leur compte. Il faudra de nombreufes Compagnies particulieres ; & tout le monde fait à quoi
ne manquent jamais d'aboutir ces grandes Socié-
tés, pour des objets fi compliqués, & fujets à
tant de rifques. D'ailleurs, les frais de conftruc-
tion, d'Armement, d'entretien d'équipages oc-
cuperont & gêneront d'autant le Négociant ou les
petites Compagnies ; ils en mettront d'autant
moins de fonds en marchandifes, proprement
dites ; ils en donneront moins de tems aux fpécu-
lations du négoce même. S'il arrive des malheurs
au gros Vaiffeau d'un Armateur, ou d'une Société
particuliere, c'eft une plaie cruelle à leur fortune,
& par contre-coup, au Commerce entier de l'Etat,
qui profitoit de leur aifance & de leur induftrie.
Ils perdront tout, Vaiffeau, agrets, munitions
de guerre & de bouche, armes & marchandifes.
Comment peut-on fe flatter que, dans une fi longue
navigation, ces défaftres ne feront pas communs,
fur-tout pour des Navires particuliers, qui feroient
obligés d'aller partout en droiture, & de revenir
du fond de l'Afie en Europe, après avoir fait

néceffairement plufieurs & très longues relaches
en différens Ports.

Suppofons, au contraire, une Meffagerie Navale, compofée de gros Navires appartenants à la
Compagnie, qui feroient les voitures publiques
de toute la Nation. Ces Vaiffeaux partiroient pério-
diquement du Port de l'Orient en Bretagne, après
avoir reçu pour chargement tout ce que les Citoyens quelconques y voudroient embarquer. Ils fe
rendroient en droiture à la Colonie que nous avons
confidérée comme une feconde métropole, ou
comme l'entrepôt néceffaire du Commerce de l'A-
frique & de l'Afie Orientales. Une feconde divifion de Voitures Maritimes s'y trouveroit toute
prête. Là fe feroit le triage des marchandifes, &
chacune partiroit pour le lieu de fa deftination. Les
mêmes Bâtimens de la feconde divifion auroient
apporté d'avance, des différents Ports d'Afrique &
d'Afie, tous les retours deftinés aux Négociants de
l'Europe : la premiere divifion les recevroit en
échange, & remettroit à la voile, après un féjour le
moins long qu'il f eroit poffible dans la Colonie
intermédiaire.

Ces deux divifions des Vaiffeaux de tranfport
n'auroient à faire, chacune de fon côté, qu'une
traverfée médiocre, & toujours la même ; ce qui
donne infiniment plus de facilité & moins de dangers. S'il arrive des accidens, (on voit qu'ils doi-

vent être beaucoup plus rares , fans nulle compa-
raifon) chaque Négociant particulier n'y perdra
que la portion de marchandifes embarquée fur le
Vaiffeau malheureux. Le corps même du Bâti-
ment , & toute la fuite , périra pour le compte de la
Compagnie. Elle trouvera dans le bénéfice du fret
de quoi fe dédommager amplement de ces petits
accidens , que la bonté de fes Vaiffeaux , le choix
des Officiers & des Equipages , d'ailleurs arouti-
nés , la force des efcortes , & le partage des tra-
verfées rendront beaucoup moins fréquens pour
elle.

Nous croyons , en conféquence , qu'on procu-
reroit au Commerce les plus grandes facilités , en
établiffant une Meffagerie Navale en deux divifions ; l'une de communication réciproque entre
la France & la Colonie d'entrepôt ; l'autre , entre
cette même Colonie & les différents Poftes de
l'Afrique & de l'Afie Orientales. Nous ne dou-
tons point que la Compagnie des Indes ne fît un
bénéfice confidérable fur ces Voitures Maritimes ,
dès-là que le Commerce , dont elle tranfporteroit
tous les effets , feroit auffi libre , auffi étendu ,
auffi avantageux que nous defirons de le voir , &
qu'il nous paroît poffible de le rendre. On verra
ci-deffous , qu'outre ce bénéfice, nous connoiffons
plufieurs autres profits très confidérables à la
Compagnie , dont le produit ne peut manquer

d'être affez grand, pour la mettre en état de faire face à tous fes anciens engagemens : de ne plus contracter de dettes : & de donner aux Actionnaires un dividende très fatisfaifant. Nous fommes bien éloignés de vouloir qu'elle faffe banqueroute, ou qu'elle foit détruite : le premier nous paroîtroit une infamie abominable ; le fecond, un malheur affreux pour l'Etat.

§ IV.

De l'étendue du Commerce d'Orient.

RIEN ne feroit plus capable d'étendre & d'augmenter le Commerce de l'Afrique & de l'Afie Orientales, que les fûretés & la facilité dont nous venons de donner les idées. Celui qu'a fait jufqu'ici la Compagnie des Indes, étoit néceffairement borné. Quelques immenfes qu'euffent été fes fonds, tant qu'elle auroit été feule chargée d'entretenir les Poftes, les Armées, les Vaiffeaux de guerre & de tranfport, en même tems que le Commerce, proprement dit ; les premiers objets de dépenfe l'auroient toujours empêché de donner au dernier toute l'étendue dont il eft fufceptible : en voulant l'augmenter elle auroit néceffairement multiplié les autres à l'excès ; & d'ailleurs, tant qu'elle auroit demeuré proprement Négociante,

elle n'auroit jamais pû se départir du petit esprit
de monopole, dont les Hollandois ont donné
l'exemple, au grand avantage des autres Peuples
commerçans; car, dans la réalité, c'est ce même
esprit seul qui les a empêché d'envahir toutes les
Indes. La Compagnie auroit donc mieux aimé importer & exporter peu, pour vendre moindre quantité, mais plus cher. Le Commerce libre fait tout
le contraire ; il tend à importer & exporter beaucoup, afin de vendre grande quantité, & à bon
marché. Tout le monde sent facilement, que le
premier Commerce est odieux & vexatoire ; que
le second est infiniment plus agréable & plus
avantageux.

La liberté, la sûreté, les facilités, donneront
donc nécessairement une étendue considérable au
Commerce, soit pour les lieux, soit pour les
objets. En prenant pour centre nos trois Isles de
France, de Bourbon, de Madagascar, que j'appelle Colonies intermédiaires, seconde métropole ou entrepôt. Je vois tout au tour, en demi
cercle, les Terres Australes trop négligées, &
qu'une Marine sédentaire dans la Colonie peut
au mieux découvrir & mettre en valeur, le Japon,
la Chine & les Etats voisins, les deux presqu'Isles
du Gange, les Côtes de la Perse & de l'Arabie,
celles de l'Est & l'Ouest de la Mer rouge, & toute
la côte Orientale de l'Afrique. Les Etablissemens
actuels

actuels de la Compagnie ne font qu'un point in-
vifible, dans cette immenfité de régions très accef-
fibles au Commerce le plus floriffant & le plus
avantageux.

L'or en poudre, l'ivoire, l'ébenne, les criftaux,
les pierres précieufes, le caffé, le thé, les épice-
ries, la foie, le coton, les gommes, vernis &
porcelaines, & peut-être d'autres curiofités de ce
genre, que cachent encore les Terres Auftrales,
s'offrent en profufion à nos Négociants dans les
régions diverfes de l'Afrique & de l'Afie Orientales. L'Europe en eft avide : non-feulement la
France en pourroit confommer vingt fois plus
qu'il ne s'en importe, fi le monopole d'un Commerce exclufif ne les tenoit à un prix exceffif ;
mais encore toutes les Nations du Nord, & même
du Midi, s'emprefferoient à les recevoir de nos
mains, lorfqu'une politique bien entendue nous
auroit mis en état de les fournir à meilleur prix.
Les ouvrages de fer & d'acier, les quincailleries,
verroteries & miroiteries ; les laines, les toiles de
chanvre & de lin, les liqueurs, le tabac, les ta-
pifferies, les galons, les bijoux d'Europe font d'un
débit merveilleux dans tout l'Orient. Quelle importation ! quelle exportation ! fi la prohibition n'a-
voit pas rétreci de gaieté de cœur toutes les idées.

Un autre Commerce, également facile, pro-
met encore des avantages auffi réels. Tranfporter

à la Chine & au Japon les denrées de l'Inde &
de l'Afrique Orientale, &, réciproquement,
tout le monde fait quel bénéfice on retire de cet
échange : rien ne contribueroit plus à l'étendre,
que l'établissement de la Colonie centrale, & de
la Messagerie Navale, correspondante à tous les
point de l'Orient. Cette seconde Métropole,
étant le centre d'un demi cercle, entretiendroit
aisément, avec les extrêmités de tous les rayons,
une double relation : la premiere, pour leur
fournir les denrées d'Europe ; & la seconde, pour
leurs échanges mutuels, qu'ils ne peuvent opérer
eux-mêmes. Ce Commerce de courtage, qui rap-
porte tant de millions, en Europe même, aux
Hollandois, vaudroit immensement à la Nation
Françoise en Orient, s'il étoit rendu sûr & facile,
par les moyens que nous avons indiqués ; & le
produit en seroit d'autant plus constant, que les
Peuples d'Afrique & d'Asie n'auront, sûrement de
longtems, & peut être jamais, une Marine & un
Commerce propre, comme tous ceux de l'Europe
s'efforcent aujourd'hui d'en avoir, pour enlever,
après deux siecles, aux Hollandois le bénéfice de
leur factorerie.

En multipliant les objets des importations &
des exportations, soit d'Inde en Inde, soit de
l'Inde en France, soit de France dans le reste de
l'Europe ; nous augmenterons visiblement le di-

vidende des Actionnaires qui forment le Corps
de la Compagnie des Indes ; puisque la Messagerie Navale, établie à leur profit, retire le premier
produit de ce négoce. C'est ainsi que nous chan-
geons l'intérêt, & que nous amenons la Compagnie à desirer & procurer de plus en plus l'étendue du Commerce ; au lieu que ses principes
tendoient à le circonscrire,& à le rétrecir. L'achat
& la vente, l'envoi & le retour qui forment le
Commerce, proprement dit, étant absolument
libres, on pensera à vendre beaucoup, en gagnant
peu sur chaque objet. Les marchandises de l'O-
rient seront communes, & à très bon compte en
Europe, & réciproquement ; ce qui fait vraiment
le bien être des Nations, la gloire du Commerce,
& même le profit des Négocians.

§ V.

Des avantages du Commerce d'Orient.

L E Commerce le plus avantageux pour l'Etat
en général, est sûrement celui qui se fait avec les
denrées propres des Nationaux, & qui dépense
le moins d'hommes qu'il est possible ; car il faut
avouer que le grand mal des Colonies & du Négoce Maritime, c'est de dépeupler le Royaume.
L'établissement de notre Métropole, dans les

Isles de France, de Bourbon & de Madagascar, peut, ce semble, nous procurer deux moyens également efficaces, de diminuer cet inconvénient. Le premier de ces moyens seroit de naturaliser dans les trois Isles, que leur climat & leur territoire y rend extrêmement propres, les cultivations & les Manufactures de l'Afrique & de l'Asie Orientales, dont elles formeroient le centre. Le second, d'y former une grande population, & en même-tems une grande puissance, par des immigrations de toutes les Nations Africaines & Asiatiques ; en sorte qu'elles pussent un jour restituer, en hommes, à la France tout ce qu'elles seroient obligées d'en emprunter. Expliquons ces deux idées.

Premierement. Donc le territoire des trois Colonies étant immense, (puisqu'on ne connoît point dans l'Univers d'Isle aussi grande que Madagascar) tout le monde sait qu'il est excellent pour toutes les productions de l'Orient : il y manque des Habitans & de l'Industrie. Supposons donc que vous puissiez, par les moyens dont nous parlerons tout-à-l'heure, établir dans les trois Isles, de nombreuses Colonies d'Africains & d'Asiatiques ; qui vous empêcheroit alors d'y naturaliser la culture méthodique de tous les fruits & denrées de l'Orient, que le sol y produit de lui-même, ou qu'il adopte avec la plus

grande facilité, & le fuccès le mieux éprou-
vé. Le caffé, le fucre, le ris, la foie, le
coton, le poivre, la canelle abonderoient à Madagafcar, fi le Peuple en étoit plus nombreux,
plus policé, plus laborieux : on en tireroit des
bœufs en falaifons (grande reffource pour le
Commerce Maritime) des cuirs, des bois pré-
cieux, des criftaux de roche d'une beauté mer-
veilleufe, &, fans doute, beaucoup d'autres
effets qu'on ne s'eft pas donné le tems de con-
noître.

Quand même les productions de ces Colonies
améliorées feroient apportées en France toutes
brutes, elles n'en feroient pas moins un objet
très avantageux pour le Commerce. Mais l'immigration que nous avons fuppofée, des Afiatiques
dans les trois Ifles, ameneroit néceffairement
une partie de l'induftrie qui les met en œuvre.
Des Indiens tranfplantés à Madagafcar, y trouve-
roient le coton qu'ils ont coutume de travailler, les
plantes qui font leur teinture, & des eaux analo-
gues à celles qui leur fervent. C'eft-là qu'ils feroient
bien mieux à portée d'imiter & d'atteindre peu
à peu le travail de l'Inde même. J'en dis autant des
foieries de la Chine ou du Japon ; peut-être de
leurs porcelaines & leurs vernis.

La premiere idée d'un peuple induftrieux &
commerçant doit être, fans doute, d'attirer dans

ſon propre territoire, d'y naturaliſer, d'y perfectionner, autant qu'il eſt poſſible, les Cultivations & Manufactures étrangeres, qui fourniſſent
des denrées néceſſaires, utiles, ou même agréa-
bles. Mais il eſt une loi du climat, plus forte
que toutes les reſſources de l'art, qui rend cette
opération quelquefois totalement impoſſible,
ſouvent très longue & très difficile. Mais auſſi les
Etabliſſemens qui ſeroient, ou totalement impra-
tiquables, ou du moins très incertains & très
embaraſſants dans la Métropole même, devien-
nent très aiſés, & très peu couteux dans des Colonies, qui ſe trouvent placées ſous un climat
favorable. Alors il ne faut pas balancer ſur le
choix. Puiſqu'en bonne politique, une Colonie
eſt une Province du Royaume. Il ne s'agit que
de calculer ſi les facilités qu'on y trouve com-
penſent avantageuſement les frais du tranſport.

Cette ſpéculation devient encore plus certaine,
lorſqu'il s'agit d'une Colonie qu'on veut établir
comme ſeconde Métropole, entrepôt néceſſaire,
& centre de la puiſſance du Souverain, dans des
régions éloignées. Les Manufactures qu'on a la
facilité d'y naturaliſer, ne peuvent qu'accelerer&
perfectionner le plan qu'on s'eſt propoſé, d'y
rendre les forces plus impoſantes. Mais on peut
dire que cette opération politique eſt, ſur-tout,
abſolument néceſſaire, lorſque la premiere Mé-

ttropole manque d'hommes , précifément dans la claffe des Cultivateurs , & n'a plus , autant qu'elle devroit , de fes denrées naturelles à négocier. En cet état , il eft vifible qu'elle doit tendre à retrancher peu à peu les Manufactures de luxe , au lieu de les augmenter , afin de repeupler les Campagnes qu'elles font déferter. Dans une pareille conjoncture , le pus grand bien qui puiffe arriver , c'eft d'avoir une Colonie capable de recevoir beaucoup de Manufacturiers des Nations étrangeres , & fituée de façon à rendre dix fois plus facile leur immigration & leur fuccès. On convient généralement , que la France eft dans le cas de la difette de Cultivateurs. Ce feroit donc un vrai bonheur , que les trois Ifles puffent fournir , en grande partie , par l'introduction des Afiatiques , avec la culture & la fabrication qui leur font propres , les aliments d'un Commerce plus étendu de cotonneries , foieries , & autres femblables , tant pour la France même , que pour le refte de l'Europe.

Secondement. Nous regardons comme très facile , de tranfporter & d'établir des peuplades nombreufes d'Afriquains & d'Afiatiques dans les trois Ifles , que nous regardons comme la feconde Métropole : de les y policer : de les y accoutumer à la cultivation & aux Manufactures. Le defpotifme regne dans toutes ces Contrées , & l'on y

commerce par-tout des hommes eux-mêmes , &
de leur liberté , à la honte de la raison & de l'humanité. Cet abus détestable peut devenir la source
d'un grand bien , si vous faites succéder une politique sage & chrétienne , à la manie qu'on avoit
eu , d'imiter en ce point les mœurs asiatiques.
Achetez des hommes , des femmes, des enfants
de l'un & l'autre sexe , par-tout où vous en trou-
verez à vendre , mais gardez-vous d'en faire des
Esclaves. Transformez-les , au contraire , en Citoyens de vos Colonies, en Cultivateurs, en Ar-
tisans , après les avoir civilisés & disciplinés
dans le centre même de votre puissance. Préférez ,
sur-tout pour les femmes, celles de l'Asie , dont
la couleur approche le plus de la nôtre. Accueil-
lez les personnes libres qui voudroient , pour
quelque raison que ce soit , s'expatrier & s'établir
parmi vous : tâchez d'en attirer & d'en engager
à cette immigration , le plus qu'il vous sera possible , avec leurs femmes , leurs enfans & leur industrie : donnez-leur des terres , des facilités ,
des avances , & sur-tout , faites-les jouir de toute
la liberté & de tous les droits des Nationaux : que
dans les trois Isles , tout le monde devienne François , comme autrefois on devenoit Citoyen Ro-
main dans toute l'Europe.

Quand on a quelque connoissance des mœurs
asiatiques , on sent bien à quel point il sera facile

cité d'engager des hommes libres , qui font mal dans leur Pays , à fe tranfporter ailleurs , où ils feront bien. Mais on conçoit encore mieux quelle recolte immenfe d'Efclaves , de l'un & de l'autre fexe , on peut faire dans toute l'Afrique , & dans toute l'Afie Orientales. Dans le centre même de votre Puiffance , dans l'Ifle de France , par exemple , où vous entretiendrez un corps de Troupes nationales ; vous raffemblerez ces peuplades, que les Commandants des Poftes auront recueillies , & que vos Vaiffeaux de guerre ou de tranfports vous auront voiturées. Vous enrégimenterez ces hommes nouveaux , que des Officiers François formeront pendant trois ans à tous nos exercices militaires, & à la plus exacte difcipline. Pendant cet efpace de tems , vous les aurez aprivoifés , civilifés , & même convertis pour le plus grand nombre , par perfuafion & non par force : un pareil état vaut bien mieux que l'efclavage. Après trois ans d'exercice & de civilifation , vous pouvez les employer avec dés Nationaux dans les garnifons diverfes de vos Etabliffemens : j'entends les Afiatiques , fur les Côtes d'Afrique , & les Afriquains en Afie. Ils y formeront de bons Soldats , & même ils y pourront apprendre en même-tems la culture & les arts , qu'ils ignoroient dans leurs Pays , ou y pratiquer ceux qu'ils fauroient déja. Après trois ans de pareilles gar-

D

nifons, vous pouvez les ramener dans la gran
Ifle de Madagafcar, où ils formeront encor
avec un corps de Troupes nationales, un E
militaire qui affurera la puiffance du Roi, ta
dans les Colonies mêmes, que dans tous
points correfpondants : ce troifieme & derni
fervice peut être encore de trois ans.

Les hommes achetés dans tout l'Orient, éta
à la folde du Roi pendant les neuf années,
climat, l'ufage & leur condition, rend leur e
tretien peu difpendieux : on peut donc leur fo
mer des réferves fur leur paye, & leur amaff
à chacun un petit capital, qui leur fera délivré
dixieme année en uftenciles de ménage, lorfqu'c
leur diftribuera des terres à cultiver dans la C
lonie : alors ils deviendront Citoyens, & fero
cenfés François, eux, leurs femmes & leurs e
fans. On pourra feulement exiger qu'ils refte
affujettis pendant fix ans au fervice d'une Mili
Bourgeoife, ou enclaffés comme Matelots, po
le cas de befoin. Dès la premiere génération
vous traiterez leurs enfans Negres, Blancs o
Mulatres, comme tous les autres Sujets du Roi
&, pour rendre à la France une partie des homme
que lui auront couté les premiers envois dans le
Colonies, & dans les Poftes, vous entretiendre
ici quatre Régimens de Madagafcar, un de Ca
valerie, un d'Infanterie, un de Dragons, & u
autre de Troupes Légeres.

Les perfonnes libres, civilifées & induftrieu-
fes, qui voudroient s'établir fur-le-champ dans
la Colonie, doivent y trouver toute la fûreté &
tous les agrémens poffibles. Leurs enfans y doivent être élevés à la Françoife, & toute leur
famille faire corps, dès le premier jour, avec la
Nation. Mais les Charges Militaires, Civiles,
Eccléfiaftiques, & toutes autres de l'adminiftra-
tion, doivent refter entre les mains des François, il n'y faut pas même admettre les enfans
de la premiere génération ; il doit leur être permis feulement de fervir en France, & l'entrée
aux Charges & Dignités, doit être ouvert aux
enfans de ceux qui auront ainfi porté les armes
en Europe.

Les Peuplades Afriquaines & Afiatiques, ne
doivent donc point empêcher le tranfport des
François dans la Colonie ; foit des Colons libres,
qui demanderont d'abord des habitations dans
les trois Ifles, à leur gré ; foit des Négocians,
leurs Facteurs ou Commiffionnaires qui voudront
réfider dans les Poftes. Les Colons libres ayant befoin de bras pour la culture, on leur en fournira,
non d'efclaves perpétuels, mais de femmes achetées, qui feront fix ans à leurs gages, & mifes après
ce terme en pleine liberté, pour être données en
mariage aux Soldats auffi achetés, qu'on voudra
licencier & établir. Ce fervice de fix ans les civi-

D ij

lifera, les formera au travail, & donnera le loifir
de les convertir. Cette méthode paroît bien plus
humaine & bien plus avantageufe que celle de
la fervitude perpétuelle, introduite dans nos
Colonies Amériquaines.

Les Troupes reglées, que le Roi ne pourra
s'empêcher d'entretenir dans les trois Ifles, centre de fa Puiffance, & dans les Poftes qui en feront une émanation, pourront encore fournir à
la population & à la force de cette feconde Métropole. Après trois ans de fervice dans les Ifles,
& trois autres dans les Poftes, joints à deux ans
d'exercice en France, il faudroit que le Soldat
fût libre de repaffer en Europe, ou de demeurer
dans la Colonie : qu'il y eût une gratification
toute prête pour ceux qui voudroient s'établir,
& qu'on leur fournît une femme prife dans l'élite
des Blanches achetées dans l'Afie, avec toutes
les facilités pour une habitation à leur choix.
J'en dis autant des Matelots engagés pour le fervice de la Marine, ou Marchande ou Militaire
de la premiere & de la feconde divifion.

Par ces moyens réunis, les trois Ifles de Madagafcar, de France & de Bourbon, deviendroient
promptement & facilement tels que nous les dé-
firons, une Colonie puiffante, centre d'une force
redoutable, d'une cultivation brillante, de plufieurs belles Manufactures ; comme auffi l'entre-

pôt d'un Commerce devenu le plus fûr, le plus
facile, le plus étendu, le plus avantageux qu'il
foit poffible.

§ VI,

De la Compagnie des Indes.

Suivant nos idées, nous réduifons la Compagnie des Indes à deux objets feulement. Premierement, à l'établiffement d'une Meffagerie
Navale en deux divifions ; l'une, de France à la
Colonie, & refpectivement ; l'autre, des différens Poftes de l'Afrique & de l'Afie Orientales à
cette même Colonie, & réciproquement. Elle
n'aura, pour cet objet, que les Vaiffeaux à fournir,
& le droit de fret à percevoir. Son fecond objet
fera la population des trois Ifles, ou l'établiffement d'une bonnne cultivation & des Manufactures convenables : elle n'aura que l'acquifition à
faire des femmes Afiatiques & Afriquaines, qui
feront louées fix ans à fon profit, puis établies,
comme nous l'avons marqué ci-deffus. Nous en-
tendons que dans les trois Ifles foit perçu un droit
territorial, tel que la dixme de tous les fruits,
& que ce droit fe partage également entre le Roi
& la Compagnie. Cette moitié du droit eft le
fecond bénéfice que nous attribuons à la Compa-

gnie. Le troifieme fonds fe tirera des neuf millions de revenu qu'elle a fur les deniers publics.
Avec de telles reffources nous ferions bien trom-
pés, s'il ne fe trouvoit pas dequoi liquider fes
dettes peu à peu, & fournir un dividende hon-
nète aux Actionnaires.

Obfervez, que nous laiffons entre les mains du
Roi toute la puiffance & fon entretien, c'eft-à-
dire, la Marine guerriere, les Troupes réglées
d'Européens & d'Orientaux, les Poftes & les Fortereffes; & nous ne balançons pas à croire que la
moitié du droit territorial, établi dans les Colonies, & un médiocre intérêt dans le fret, s'il
étoit néceffaire, fuffiroient pour faire face aux
dépenfes qu'exigeroit l'entretien de cette puiffance.

Dans le fyftême actuel, la Compagnie des
Indes eft chargée de tout l'embarras de la puiffance, & fait feule tout le Négoce, proprement dit.
L'entretien des Troupes, des Fortereffes, de la
Marine militaire, abforbe une partie de fes
fonds, premiere fource d'abus & de dépenfes ex-
ceffives. Le Commerce exclufif qu'elle eft obligée
d'entretenir, ne peut être avantageux qu'en fou-
tenant, par le monopole, les denrées & marchandifes de l'Orient à un prix peu fatisfaifant pour
le commun des Confommateurs, non-feulement
dans la France, mais encore dans tout le refte de

l'Europe. Il faut apporter peu, & vendre cher ; c'eſt une conduite contraire aux bons principes , mais qu'on a été forcé d'adopter.

Ces deux malheureuſes néceſſités , impoſées à la Compagnie , dès ſa formation , ſont les vraies cauſes de toutes ſes peines & de tous ſes déſaſtres. Elles doivent la gêner , l'occuper , l'accabler , même en tems de paix , à plus forte raiſon en tems de guerre. Tous les dangers , toutes les pertes tombent directement & uniquement ſur les Actionnaires , qui forment , à proprement parler , la Compagnie.

Par le ſyſtême que nous propoſons , les ſoins , les difficultés & les riſques de la Compagnie , proprement dite , ſe réduiſent à preſque rien ; elle ne met en péril que les Vaiſſeaux de ſa Meſſagerie Navale ; ſes bénéfices ſont aſſurés ; le droit territorial des Colonies , & le droit de fret ne peuvent lui manquer , non-plus que ſes neuf millions d'autres rentes. La maſſe de ſes dettes étant une fois connue , rien ne ſera plus facile que de pourvoir , d'une maniere ſolide , à leur acquittêment , & d'allier cette opératiou avec l'aſſurance d'un dividende aux Actionnaires , qui ne pourra que devenir de jour en jour plus conſidérable , à meſure que le Commerce de l'Orient en Europe , & d'Inde en Inde , profitera des facilités de la Meſſagerie Navale , & que les Iſles

intermédiaires fe peupleront, fe civiliferont, f
perfectionneront, pour la culture & les fabrica
tions qui leur conviennent.

Une portion dans le droit de fret, & la moitié du droit territorial, formeront un objet dan
les revenus du Roi, fufceptible des mêmes ac
croiffemens. Qu'il foit au-deffous, qu'il foit au-
deffus des dépenfes qu'exigera l'entretien de l
puiffance, & la population des trois Ifles, rien ne
doit être plus indifférent au Gouvernement. Ce qui
manquera d'abord, doit être fuppléé de bon cœur
par tout le refte de la Nation : c'eft de l'argent placé
à cent pour cent de benéfice ; le calcul en eft fimple
& fenfible. D'ailleurs, il ne faut pas s'imaginer
qu'il faille, dans les commencemens, des dépenfe
étonnantes : rien n'eft plus fimple, ni plus natu-
rel, que d'employer aux prémieres opérations le
Troupes, les Vaiffeaux, armes & munitions,
qu'on a déja. La paix eft le tems le plus favorable
pour commencer à moins de frais, & de la maniere la plus avantageufe.

Les Négocians François doivent applaudir à
nos idées, comme au projet le plus favorable à
leurs defirs & à leurs intérêts. Le Commerce,
proprement dit, fera parfaitement libre pour
eux dans tout l'Orient ; rien ne leur fera plus
facile que de l'établir & de l'entretenir. Les
François qui travailloient à Pondichery, & dans

les

les autres Places, ou pour leur propre compte, d'Inde en Inde, ou pour la Compagnie de l'Inde en Europe, vont devenir Négocians en chef. Ils établiront par-tout des Correspondans pour les envois respectifs.

Les Commerçans habiles, qui ne voudront pas s'en tenir à ces anciens Habitans, feront passer sur les Vaisseaux de la Messagerie Navale, des Associés, des Correspondans, des Facteurs, & les entretiendront dans les différens Postes. Le passage & l'habitation dans les Postes seroient, selon nos idées, absolument libres à tout Citoyen, moyennant un droit réglé avec la discrétion convenable. Celui du passage, partageable, (comme nous l'avons dit) entre le Roi & la Compagnie ; celui d'habitation, qui devroit être modique, appartenant au Roi seul, pour l'entretien de la puissance protectrice des Postes. Ces droits de fret, de passage & d'habitation, ne coûteroient jamais autant aux Négocians particuliers, que les frais des Vaisseaux, des armemens, des voyages & séjours dans les Ports de l'Orient, avec tous les risques inséparables de ces longues navigations, & de ce Commerce, si difficile, si périlleux, ou, pour mieux dire, si impossible, sans une sauve-garde continuelle. Les intérêts de la Compagnie seront donc entierement d'accord avec ceux de tous les Commerçans & des Nations.

E

§ VII.

De la concurrence avec les Nations Européennes.

Nous ne pouvons finir notre spéculation sur le Commerce de la France dans l'Afrique & dans l'Afie Orientales, fans combattre des erreurs dangereufes fur la concurrence des autres Nations Européennes dans ces deux Parties du Monde. Le bon fens, l'équité, l'humanité, la bonne politique, fembloient dire aux Peuples Négociants, qu'il étoit de leur intérêt de s'occuper uniquement à l'amélioration de leur propre Commerce, fans fonger à celui des autres. Qu'on mérite la préférence par fa candeur & fa bonne foi, par la bonne qualité & le bon prix des marchandifes d'importation, par la quantité & le paiement avantageux de celles qu'on exporte : rien n'eft plus honnête & plus fatisfaifant pour tout le monde.

Au lieu de cette louable émulation, on a vu trop fouvent l'efprit d'envie, de tracafferie, d'ufurpation, de monopole, agiter nos Négociants. On a négligé fes propres avantages pour troubler ceux de fes voifins; & on a facrifié le defir louable de faire du bien à fa Nation, pour le plaifir abominable de faire du mal aux autres. Loin de mes Concitoyens, cette funefte & dam-

nable politique, indigne du Maître juste &
généreux qui nous gouverne, & du corps de la
Nation, dont l'honneur, la franchise & la probité doivent toujours faire le caractere.

Notre principe est donc, qu'il faut absolument
éviter dans la concurrence du Commerce, tout
ce qui peut avoir même l'apparence de la rivalité,
de la jalousie, de la violence, de l'usurpation,
du desir de nuire. Ainsi nos Etablissemens dans
les diverses Contrées de l'Afrique & de l'Asie
Orientales, ne doivent point être des Forteresses
destinées à maîtriser les Nations, à les subjuguer,
à les envahir ; ni à gêner, insulter ou chasser les
autres Nations commerçantes, pour nour déli-
vrer de leur concurrence. Ces Postes ne doivent
être, selon nos idées, que de simples asiles pour
les Négocians François. Qu'ils y trouvent des
habitations commodes & assurées contre les tu-
multes passagers : qu'ils aient un Commandant
pour les protéger, au nom du Roi, contre les
avanies, & pour les forcer réciproquement à
respecter les droits de la probité, de l'humanité,
de l'hospitalité : mais qu'ils ne puissent, ni ne
veuillent jamais usurper le territoire, s'attribuer
le Commerce exclusif au préjudice des François
qui voudroient le partager avec eux, encore
moins au préjudice des autres Nations Européennes. Le Roi recommanderoit très expresse-

ment à ceux qui le repréfenteroient dans ces Etabliffemens, & aux Commandants de fes Vaif-feaux, qui en feroient le foutien, de ne s'occu-per que de la protection de fes Sujets, fans pou-voir jamais être agreffeurs, ni contre les Peuples de l'Orient, ni contre les autres Européens. Nous voudrions que (même en tems de guerre, à plus forte raifon en tems de paix) les perfonnes, les effets, les habitations appartenantes aux Su-jets des Puiffances belligérantes, fuffent refpec-tées comme celles des Ambaffadeurs & des Com-merçans, dans les Cours neutres de l'Europe. Les raifons & les motifs y font les mêmes. Pourquoi ferions-nous, dans le territoire d'un Prince Afriquain ou Afiatique qui nous reçoit, ce que nous aurions horreur de faire en Hol-lande, à Genes, à Venife, & dans les autres lieux de l'Europe.

Il feroit à fouhaiter qu'on pût affujettir à la même régle, les Poftes les plus importans, qu'on a droit de regarder comme de vraies Colo-nies, entierement appartenantes aux Nations Eu-ropéennes ; mais c'eft un bonheur qu'on ne peut efpérer. Tout le territoire, en ayant été cédé par les Princes, en faveur de telle ou telle Nation, exclufivement à toute autre, comme Madras aux Anglois, & Pondichery aux François, pour éta-blir le centre de leur Négoce & de leur puiffance.

Il eſt clair, d'un côté, que les autres Peuples de l'Europe ne peuvent prétendre, même en tems de paix, qu'il leur ſoit libre de partager ce territoire ; il n'eſt pas moins évident, de l'autre, que les poſſeſſeurs de ces domaines, en ſe les appropriant, en font, pour le tems de guerre, un objet de conquête à leurs ennemis.

On ne doit pas regarder ces établiſſemens comme entierement inutiles, & nous ne conſeillerions pas d'abandonner celui de Pondicheri, qu'on a tant & ſi cherement payé à tous égards ; mais il nous paroît que la multiplication de pareils Poſtes ſeroit plus onéreuſe que profitable ; & l'on feroit peut-être une grande faute en politique d'en établir, quand on le pourroit, plus de trois en tout, quelqu'étendu que devînt le Commerce d'Orient ; un ſecond à l'Eſt, de Pondichery au revers de la preſqu'Iſle, au-delà du Gange ; l'autre à l'Occident, vers les embouchures de la Mer rouge. Il vaudroit mieux, probablement, n'en avoir point du tout, que d'en avoir trop, pourvu que la Colonie des trois Iſles fût dans l'état où nous la deſirons. Ces poſſeſſions multipliées ne ſerviroient qu'à cauſer beaucoup de dépenſe au Roi, beaucoup de jalouſie aux voiſins, & plus d'embarras que de reſſource en tems de guerre.

Par une ſuite naturelle de la même opinion,

nous rejettons les idées de conquête & d'acquifition de territoires, à quelque titre que ce foit,
dans l'Afrique & dans l'Afie Orientales, hors des
limites des trois Ifles. Par-tout ailleurs les Fran-
çoisne doivent être que desNégocians protégés par
le Roi : c'eft un principe dont il nous paroît effen-
tiel, à tous égards, de ne jamais s'écarter. Il faut
refpecter les Souverains & les Nations qui nous
admettent ; jamais embraffer leurs querelles ;
jamais fe mettre à leur folde, fous quelque pré-
texte que ce puiffe être. Nous l'avons dit, nous
le répétons ; la puiffance fédentaire du Roi ne
doit être employée qu'à la protection & à la dé-
fenfe. Dans le cas d'infulte méditée, foutenue, &
non réparée, les forces confervées en dépôt dans
la Colonie, qui fert de feconde Métropole, doivent être employées avec beaucoup d'appareil &
de préparations, pour donner le tems aux vrais
principes de juftice & de générofité, de repren-
dre le deffus. Il vaudra toujours infiniment mieux
être prêt à frapper de grands coups, mais n'en
jamais frapper, même de petits. Si les Comman-
dans des Poftes, ceux des Vaiffeaux du Roi, ne
s'écartent point des régles de la prudence, de la
probité, de la générofité, de la fermeté qui doit
les caractérifer ; il fera facile de maintenir la dignité du Pavillon François, & la bonne opinion
de la puiffance du Roi, qui préviendra tous les

èclats facheux, capables de conduire à des extrêmités, qui coûtent toujours à l'humanite , au cré-
dit , & aux vrais intérêts de l'Etat.

On doit fuppofer que les Nations d'Europe ,
par le même efprit d'équité & de grandeur d'ame,
refpecteroient en tems de Paix, & même en tems
de guerre , nos Comptoirs ou fimples Poftes ,
comme nous refpecterons les leur : qu'ils borne-
roient leurs hoftilités , comme il fe pratique en
Europe, aux Vaiffeaux en pleine mer , & aux
Colonies toutes Françoifes. Dans le cas où quelque Particulier s'écarteroit d'une conduite fi fage ,
il faudroit bien fe garder , fuivant nos idées ,
d'ufer de repréfailles, & de piller leurs Négociants, lorfque nous ferions en force , à portée de
leurs effets. Il nous paroît plus convenable à la
dignité du Roi , aux vrais principes du bien public , de maintenir inviolablement le refpect dû
au Territoire des Princes Afriquains & Afiatiques , & de ne donner jamais , en aucun cas ,
l'exemple de violer les droits de l'hofpitalité.

C'eft ainfi que nous rendrions, fuivant nos
idées , la puiffance du Roi très impofante , mais
fans la rendre odieufe, ni fufpecte. Vouloir le
bien de la Nation , & le mal de perfonne, c'eft
la Loi qui doit diriger toutes les forces que nous
établiffons dans l'Orient. Avec de l'intelligence
& de la bonne foi , nos Négocians doivent y faire

un bénéfice confidérable dans le Commerce, devenu auffi fûr, auffi facile, auffi étendu que nous
le propofons. L'Etat doit en retirer de grands
avantages , & les autres Nations d'Europe en
peuvent profiter. La Compagnie , débarraffée des
foins, des dépenfes, des dangers les plus grands,
en recueilleroit un profit plus important & plus
affuré. Le Roi y trouveroit, j'ofe dire, une gloire
plus folide, & plus digne des fentiments qui l'ani-
ment.

CHAPITRE II.